Reinhold Tebtmann

Dallos
Schreibkram

Für Egon

Zum Buch

In diesem Buch findet man Sprüche, kurze
Gedichte und Klugscheißereien zu
vielen Lebenssituationen.

Zum Autor

Reinhold Tebtmann, geboren 1949 in Münster,
schreibt seit etwa 60 Jahren Liedertexte
sowie lustige und kritische Gedichte.

Reinhold Tebtmann

Dallos Schreibkram

Für alle
Maulhelden
Klugscheißer
Neunmalkluge
Dummschwätzer

Bibliografische Information der Deutschen Nationalbibliothek:
Die Deutsche Nationalbibliothek verzeichnet diese Publikation
in der Deutschen Nationalbibliografie, detaillierte bibliografische
Daten sind im Internet über http://dnb.dnb.de abrufbar.

©2022 Reinhold Tebtmann
Herstellung und Verlag: BoD – Books on Demand, Norderstedt.

978-3-756-22781-5

Egon Knaup

04.12.1948 - 15.12.2021

Knaup – mein bester Freund

Dein Tod zerreißt mir das Herz

Es wär noch Zeit - hab ich gemeint

Doch Du verdrückst Dich – himmelwärts

An uns denken werd ich täglich

Egon – es war eine Ehre für mich

Dich nicht zu mögen war nicht möglich

Gute Reise - meine Liebe begleitet Dich

Reinhold Tebtmann

Inhalt

Menschliches

und

Unmenschliches

Sehr viel habe ich erlebt

Gutes und Schlechtes gesehen

Und wer in der Vergangenheit gräbt

Weiß - einiges wäre besser nie geschehen

Heut stünde mein Leben

In einem völlig anderen Licht

Ein anderes Leben wär mir gegeben

Hätt man mich auch nur EINMAL erwischt

Was machen wohl all die klugen Leute

Die glaubten dass sie alles wussten

Und durch ihr Wissen von heute

Sehen dass sie irren mussten

Voller Hohn und ohne Moral

Verurteilten sie - ohne Wissen

Realitäten waren ihnen völlig egal

In ihrem Leben ist Wissen kein müssen

Ich spüre wie du leidest

Frage dich: Was kann ich tun

Du – der du die Antwort meidest

Meinst grob: Das ist nicht opportun

Solltest du weiter leiden

Werde ich nicht mehr fragen

Und auch tunlichst es vermeiden

Dein Selbstmitleid weiter zu ertragen

Schicksalsschläge sind schwer zu ertragen

Kosten entsetzlich viel Lebenskraft

Doch ANDERE um Hilfe zu fragen

Bleibt immer alptraumhaft

Ein Zögern - ein Augenblick

Oder auch nur ein falscher Ton

Als 'Bittsteller' zieht man sich zurück

Fragt nie wieder nach Hilfe oder Aktion

Gruppen die Essen gehen

Sind oft in einer Hierarchie

Jeder kann es von außen sehen

Das Alphatier - mit seiner Kompanie

Wenn Paare Essen gehen

Gibt es zwei Möglichkeiten

Die – die sich verliebt ansehen

Und die – die um Herrschaft streiten

Ich vergesse Dinge

Von Jahr zu Jahr mehr

Erinnerungen um die ich ringe

Machen meine Gefühlswelt schwer

Ich wünschte mir

Die Gedanken zu lenken

Und ich brauchte dann dafür

Nicht mehr an DICH zu denken

Wer hereinkommt meint

Er wird vom Wirt umgarnt

Nur er persönlich sei gemeint

Weil ihn der Wirt herzlich umarmt

Wer die Branche kennt

Und von Maloche etwas weiß

Der weiß - was man Gäste nennt

Sind Kunden nur - der Rest ist Fleiß

Du meinst mich zu kennen

Glaubst zu wissen wie ich bin

Du behauptest trennen zu können

Meinen Unsinn - von deinem Sinn

Selbst ich kenn mich nicht

Wie willst DU mich da kennen

Ich habe mein eigenes Gesicht

Mein Glück wird uns ewig trennen

Nette Leute kenne ich

Manche von ihnen sind dumm

Doch Dummheit stört mich nicht

Für mich ist das gar kein Kriterium

So vieles ist heute tabu

Einiges ist nur Lug und Trug

Bei Klugen dient fast alles dazu

Dummen zu zeigen: "Ich bin klug"

Hey – warum hast du Lügen erzählt

Die Wahrheit war doch so einfach

Hast den falschen Weg gewählt

Lügen – ist doch MEIN Fach

Unwahrheit begleitet MICH

Hat MEIN Lebenswerk gestaltet

Lug und Trug verstehst DU nicht

Von DIR hab ich Ehrlichkeit erwartet

Niemand vergisst bewusst

Kein Mensch kann das steuern

Schmerzen nicht - und keine Lust

Die Erinnerungen können ewig dauern

Leben mit quälenden Dingen

Die deine Träume nie verlassen

Verdrängen wird dir nicht gelingen

Alles würd ich geben um zu vergessen

Einige heben die Stimmen

Geben sich unschuldig kindlich

Andre wollen mit Lispeln gewinnen

Und denken - sie wirken dann niedlich

Verständnisvoll die Einen

Die Anderen hilflos und naiv

Frauen sind hart und Kerle weinen

Selbstdarstellungen sind kommunikativ

Ich sehe es immer

Im Café der Konditorei

Das dicke Ehepaar Wimmer

Mit Kaffee und viel Torte dabei

Die beiden genießen

Doch etwas tut mir weh

Sie lassen es sich vermiesen

Durch Süßstoff für ihren Kaffee

Körpersprache zwischen Mann und Frau

Ist nicht genormt – ist nicht genau

Gibt's mal Konflikte - eminente

Werden Muskeln Argumente

Mann und Frau haben Rechte

Sie variieren nach Geschlechte

Gehen Frauen durch dunkle Gassen

Haben die Rechte sie schnell verlassen

Als ich gestern früh erwachte

Schlief der Verstand noch weiter

Der Körper tanzte schon und lachte

Träumte von Sex und war recht heiter

Das Vertrauen war ihm sicher

Ich liebte wie mein Körper sprach

Der Verstand erwachte mit Gekicher

Gab willig dem tanzenden Körper nach

Wenn ich Güterzüge seh

Die auf ihren Schienen rollen

Und – wenn ich am Bahnhof steh

Als Fahrgast mich nicht stören sollen

Seh ich wieder die Bilder

Von der Reichs- und Nazibahn

Ich seh 'Juden verboten' Schilder

Spür wieder den Untermenschenwahn

Fünfzig Leute im Lokal

Fast so laut wie in der Kita

Jeder prahlt nach eigener Wahl

Mit Heldentaten aus seiner Vita

Wenn jeder sich für wichtig hält

Wird Rücksichtnahme kleiner

Wir leben alle in einer Welt

Doch jeder nur in seiner

Ein Mäuserich sitzt im Keller

Knopfaugen sehen mich prüfend an

Ich trau ihm nicht er ist viel schneller

Du bist so groß - denkt der Mäusemann

Töten würde ich Mäusewesen

Nur dann wenn sie in großer Zahl

Doch EINE Maus - die lass ich leben

Das nennt man wohl - menschliche Moral

Ihr denkt über mich

Ich sei ein großer Egoist

Ich stimme zu doch meine ich

Du lebst nicht wenn du keiner bist

Jeder lebt für sich

Kein Mensch ist selbstlos

Belohnungssysteme lenken dich

Lob und Tadel sind Synonyme bloß

Ich sah ihn gestern wieder

In der Stammkneipe am Tresen

Wie früher - aufgeputzt und bieder

Mit 80 unverändert in seinem Wesen

Immer noch der Frauentyp

Beifall heischend grüßt er mich

Er glaubt dass jede Frau ihn liebt

Ich hoffe er spürt mein Mitleid nicht

Ich seh oft gewaltige junge Leute

Die ihre Körper frei verwalten

Ich sehe überdehnte Häute

In unförmigen Gestalten

Und in minimalen Stoffen

Quetschen maximale Polster

Die Welt ist für skurriles offen

Und manchmal - für kuriose Opfer

Die Meinungsfreiheit ist

Kein Recht auf eigene Fakten

Und - damit es niemand vergisst

Wahrheiten kann man nicht pachten

Es geht viel schlimmer

Behauptungen ohne Bezüge

Doch dein Argument war immer

'Wills du etwa sagen – dass ich lüge'

Sie sonnen sich am Strand

Kerle starren in ihren Schritt

Den geilen Blicken halten sie stand

Fast lüstern genießen sie den Auftritt

Auf ihrem Rad nach Hause

Gestatten sie sich KEINE Blöße

Zupfen an den Röcken ohne Pause

Und schützen krampfhaft ihre Schöße

Ein Mann fühlt sich als Mächtiger

Wär gerne Teil der Schickeria

So ein kleiner schmächtiger

Er sitzt in einer Pizzeria

!Zahlen! - ruft er durch den Saal

Wedelt mit einem großen Schein

Und stolziert aus dem Lokal

Trinkgeld sparte er ein

Manche mag ich nicht

Ganz egal ob nett ob blöd

Es ist meine persönliche Sicht

Gefühle bringen mich manchmal in Not

Nie hab ich es erlebt

Dass meine erste Wertung

Sich in das Gegenteil verdreht

Menschliche Instinkte haben Wirkung

Müd bin ich zu streiten

Um Argumente zu kämpfen

Meine Meinungen zu verbreiten

Zu oft ließ ich mich beschimpfen

Verzeihen kann ich viel

Doch bleibt mir ein Problem

Mein persönliches Trauerspiel

Niemals vergesse ich was geschehen

Das Immunsystem ist mein Held

Hat meine Gegner klar besiegt

Stärkt mich in dieser Welt

Ein Job - der ihm liegt

Ob Pandemie oder kleiner Infekt

Ob Bakterien - Viren – Keime

Haben Lymphe sie entdeckt

Ist der Sieg der meine

Manchmal glaube ich – dass ich denke

Und dann kreise ich nur um mich

In dem Schwindel versinke

Und ertrinke – ICH

Flüchtige Gedanken

Ziehen mich in ihren Bann

Es sind Träume die mich lenken

Und Allmacht ist es – dann und wann

Zwischenmenschlich sehr gefährlich

Und miteinander niemals ehrlich

Immer nur die eigene Sicht

Wir mochten uns nicht

Manchmal sehr kreativ

Und lief es doch mal schief

Versoffen wir Probleme schlicht

Wir beide mochten uns einfach nicht

Dumme Leute gibt es

Die Klugen mögen es indes

Ohne Dumme ist es schlimmer

Denn der Kluge wirkt dann dümmer

Einige Leute sind so klug

Glauben - sie sind klug genug

Die zu DIESEM Ergebnis kommen

Gehören meistens zu den Dummen

Hast du Glatze oder Haare

Schmerzt es dich - oder nicht

Ist dein Haar für dich das Wahre

Es sind genetische Vorgaben für dich

Manche zeigen ihren Stolz

So – als wäre es eine Leistung

Ihr Stolz beruht – der Teufel hol's

Nur - auf einer genetischen Weisung

'Sie sind Künstler' meinte sie zu mir

Meine Wirtin sprach mich an

'Ich habe einen Blick dafür

Bin oft sehr nahe dran'

Kurz muss ich überlegen

Es verschlägt mir die Sprache

Und macht mich etwas verlegen

Wer bin ich – dass ich widerspräche

Sie ist ohne Vertrauen

Geht gequält und geduckt

Niemand soll sie anschauen

Sie ist ihrem Leben entrückt

Es ist schon obszön

Sie vermeidet das Licht

Dabei ist sie wunderschön

Doch sie weiß es leider nicht

Meine Dusche weckt mich

Mit einem eigenen Rhythmus

Unberechenbar – nie friedlich

Mal heißer und mal kalter Guss

Die Haare fast gewaschen

Wird es plötzlich eisig kalt

Gefühle wollen mich verlassen

Ich spür dann – ich erfriere bald

Zwei Männer sitzen – reden - essen

Mit Haltung und viel Distance

Sie reden um zu vergessen

Aber ohne Chance

So unendlich schwer

Gefesselt im alten Leben

Findet sich keine Lösung mehr

Es ist ihnen unmöglich zu vergeben

Geh ich spät nach Hause

Bin ich ein Held der Straße

Viele Feinde sehe ich ohne Pause

Ein Sieg mit Tapferkeit und Klasse

Bin ich dann heimgekommen

Nach Kämpfen in Heldenposen

Bin ich von meinem Mut benommen

Und scheiß mir erst mal in die Hosen

Glaube

und

Unglaube

Manchmal wünschte ich zu GLAUBEN

An Teufel – Götter oder Geister

Die mir Sünden nie erlauben

Als Herren oder Meister

Du armer Trottel – denke ich dann

Und meine Stimmung wird netter

Sie erklärt mir: Sei ein Mann

Nur Deppen haben Götter

Er war gerade zehn Jahr

Penetriert von einem Priester

Doch weil er kein geschickter war

Wurde der Gottesmann noch wüster

Der Junge voller Scham

Brauchte Trost in seiner Qual

Als er nach Haus zur Mutter kam

Verprügelte sie ihn gleich noch einmal

Moralisten in Talaren

Die als Priester an Altaren

Predigen seit tausenden Jahren

Doch selbst niemals moralisch waren

Sie reden vom Wunder

Von Jesus dem Verkünder

Vergeben Sünden der Sünder

Und stecken ihre - - - - - in Kinder

Gott - nichts hast du geschafft

Und du hattest sehr gute Chancen

Doch hattest du nicht mal die Kraft

Menschen zu zügeln - nicht mal in Nuancen

Wenn nichts zu bessern ist

Dann wird es Zeit für ein Fanal

Damit die Welt die Menschen vergisst

Oder versagt vielleicht nur dein Personal

Einige die ständig wühlen

Bei allem was ein anderer sagt

Sich stets nur angegriffen fühlen

Weil jemand eine andre Meinung wagt

Ihr Ego haben sie vermint

Sind unantastbar und erhaben

Und fordern dann ganz unverblümt

'Du sollst keine anderen Götter haben'

'Sind sie der Bischof Glenn'

Fragt die Alte den alten Mann

Und weil ich diesen Bischof kenn

War klar dass er es nicht sein kann

Heiligkeit hat sie erwartet

Hoffte wohl auf einen Segen

Sie hielt das Spiel für abgekartet

Und hat genug von Gottes Wegen

Dass diese Erde nur eine Scheibe ist

Halten viele mit Recht für dumm

Vom Impfen wird man Autist

Nehmen Autisten krumm

Fast alle Probleme löst der Verstand

Lassen wir ihn uns nicht rauben

Darum liegt es auf der Hand

Nicht an Gott zu glauben

Wo bin ich morgen

Wenn ich nicht erwache

Ich mache mir große Sorgen

Wie ich in mein Jenseits krache

Götter gibt es nicht

Ganz sicher bin ich mir

Auch nicht das ewige Licht

Ich wüsste es nur gern schon hier

Einstein meint: Gott ist kein Spieler

Und als Kind habe ich erfahren

Gott ist wohl ein Pädophiler

Kinder seine Billigwaren

Lasset Kinder kommen

Ihrer ist mein Himmelreich

Ein Kind im Dienste der Frommen

Erst hart im Nehmen dann windelweich

Weil es Religionen gibt

Bleibt Multi-Kulti Phantasie

Wo ein Gott die Menschen liebt

Da führt ein Menschenfeind Regie

Ein gottloses Leben

Liebevoll - selbstbewusst

Kann ein erfülltes Leben geben

Später haben es wieder alle gewusst

Ein Freund hat Freunde die Schwarze sind

Darum sei er kein Rassist – meint er

Er mag Zucker UND er mag Zimt

Das Argument wiegt schwer

Als Christ sei er nie Rassist

Gott sei ohne Schuld – und rein

So schuldlos wie Gott ist jeder Christ

Wir beten schon immer für arme Negerlein

Es gibt Menschen

Die zu viel Leid ertragen

Und die sich dann wünschen

Dass alle die gleichen Leiden haben

Tragödien gibt es

In denen im ganzen Leben

Glaubt es nicht oder glaubt es

Menschen nie nehmen – nur geben

Freunde

und

Feinde

Neulich fragte ich

Im Scherz und ohne Not

Ich dachte nur gerad an dich

Freund - sehen wir uns vor dem Tod

Du meintest zu mir

Ich kenne nicht den Sinn

Doch bleib du noch etwas hier

Ich bin schon auf dem Weg dahin

Egon - liebster Freund

Du riefst mich nochmal an

Bitter habe ich danach geweint

So kraftlos die Worte - ohne Elan

Unser Abschied – er tröstete mich

Deine Stimme nur noch ein Hauch

Ich sagte 'Knaup - ich liebe dich'

Du 'Kurzer - ich dich auch'

Plötzlich schaut mir der Tod ins Gesicht

Er hat mir die Schwester geklaut

Und die Mauern taugen nicht

Die mir die Seele baut

Hat Moral einen Wert

Die ich dem Leben abtrotze

Ist es wertlos was das Leben lehrt

Manchmal möchte ich einfach nur kotzen

Freund - warum sorgst du dich um mich

Liegt's daran dass ich bald sterbe

Das schafft sicher ohne dich

Jeder Depp auf der Erde

Im LEBEN - da habe ich dich vermisst

Vielleicht war das zu viel für dich

Und wie man Freunde vergisst

Wusste ich da noch nicht

Ihr seid wie ein eingespieltes Team

Genau abgesprochen und gebrieft

Er bestätigt dich - und du ihn

Das Selbstgerechte trieft

Wahrheit wird bestritten

Bis man EURE Wahrheit glaubt

Erlebtes wird zurechtgeschnitten

Bis jeder EUREN Heldensagen traut

Ein paar Freunde teilten mein Leben

Einige nur kurz und andere länger

Mal kurvenreich und mal eben

Mal Werfer - mal Fänger

Trauer ist IMMER am Ende

Doch tote Freunde bleiben dir

Sie leben in Träumen als Legende

Ich weine um lebende - die ich verlier

Ein schlimmes Jahr

2021 ändert meine Sicht

Nicht darum weil Corona war

Das hatte für mich kein Gewicht

Dein Sterben ist nah

Zeigt Fratze und Gestalt

Auch Undenkbares wird wahr

Krebs wütet bei Jung und bei Alt

Ein Freund prahlte

Ich hab noch nie gelogen

Er sah mich an und strahlte

Als seien meine Lügen unerzogen

Wer lügt im Leben

Und mit Wahrheit spielt

Weiß – die Lüge wird vergeben

Nicht die Wahrheit die missfiel

Als Trauer mich erdrückte

Und ich um eure Hilfe flehte

Als euer Leben von meinem rückte

Und Kälte mich aus eurem Leben wehte

Da verging der Schmerz

Und auch die Trauer vereiste

Ich lerne zu leben ohne mein Herz

Und ohne meine Seele – die verwaiste

Vor kurzem fragte mich ein Freund

Geht es dir gut in deinem Leben

Er hat es sicher nett gemeint

Ja - meinte ich deswegen

Wissen wollte er noch WIE

Bohrte tiefer in der Wunde

Denkst du heute noch oft an SIE

Nein – nur etwa einmal in der Stunde

Sechs Wochentage in der Woche

Freue ich mich auf diesen Tag

Auf die gut belegte Sache

Brot Butter und Belag

Jeden Freitag gegen 10

Geliefert bis zu meiner Tür

Mit Kaffee schwarz und schön

Das Frühstück bringen Freunde mir

Zu viele die von Freundschaft faseln

Freundschaft ist ein großes Wort

Größer als Facebook - Phrasen

Nicht nur Party oder Sport

Freundschaft ist Vertrauen

Und mit Glück auch etwas Spaß

Die Freunde dürfen Pferde klauen

Freundschaft ist Seele im Übermaß

Als ich ihn sah – den Gott im Ring

Veränderte sich meine Welt

Sein Karma das mich fing

Der erste reale Held

Ali trat in mein Leben

Und er wurde mein Freund

Er war wie ein starkes Beben

Mein Held – von dem ich geträumt

Auch wenn wir mal befreundet waren

Es hält nichts für immer und ewig

Es zeigte sich mit den Jahren

Du magst mich eher wenig

Angepasst wäre ich recht

Und ein willkommener Freund

Hab's versucht – schaffe es nicht

ICH bleibe ICH – und WIR unvereint

Es werden immer mehr

Und wieder fragt ein Mann

Mein Tisch wäre doch so leer

Und ob er wohl Platz nehmen kann

Sie schimpfen "Egoist"

Sobald ich dieses verneint

Wenn du nicht für sie bist

Dann bist du ab sofort ihr Feind

Heut gehe ich zum Zentralfriedhof

Und besuch das Reich der Toten

Sie laden alle ein zum Schwof

Hier tanzen die Chaoten

Manch einer tanzt im Kerzenschein

Ich erkenne so viele Gestalten

Mein Freund zog gestern ein

Hätte ihn gern behalten

Brüder waren wir im Geiste

Wir kannten unsere Gedanken

Eine neue Idee die um uns kreißte

Schien uns zwei gemeinsam zu lenken

Doch dann wurde es bitter

Ich hörte diesen Satz von dir

"Du bist fast so wie meine Mutter"

Der Dolch im Rücken steckt tief in mir

Es tut immer noch weh

Und ist doch viele Jahre her

Plötzlich war eine Beziehung passé

Die Erinnerung fällt furchtbar schwer

Lang suchte ich die Gründe

Mir war auch kein Anlass klar

Ich fand nichts was ich verstünde

Vielleicht - weil es 'ERZIEHUNG' war

Auch wenn ich könnte

Ich würde dir nie verhehlen

Dass ich dir keine Erfolge gönnte

Und hoffte du würdest Ziele verfehlen

Zwischen dir und mir

Gab es ein Machtgefälle

Und niemals bekam ich von DIR

Respekt - an keiner einzigen Stelle

Das wichtigste Leben auf dieser Welt

Kann nur mein eigenes Leben sein

Ob als Verlierer oder Held

Sagenhaftes fiele mir ein

'Lass doch die Biographien'

Sagt eine gute Freundin zu mir

'In den tausend Reimen und Elegien

Stecken schon all die Leben von dir'

Junge

und

Alte

Ich sehe die freundliche alte Frau

Sie schaut mich an und sie lacht

Alt wie ich - weiß sie genau

Was noch Freude macht

Sie lächelt und strahlt

Und manchmal lacht sie laut

Ihr ist egal ob sie jung oder alt

Glückliche Augen in die man schaut

Wieder mal am Aasee sitzen

Unter den drei Kugeln schwitzen

Und grillen mit unserer alten Klicke

Mit Ekki – Schmiege – Maus und Zicke

Reden - Streiten - Diskutieren

Den Faden - die Geduld verlieren

Dann wache ich auf und registrier

Die Zukunft - sie liegt schon hinter mir

Älter werden ist out

Und Botox bringt Schwung

Falten werden niemals erlaubt

Die Konkurrenz ist schön und jung

Transplantate - Silikon

Fettabsaugung ohne Not

Viagra hält jung - mit Erektion

Doch wer nicht älter wird - ist tot

Du freust dich auf den Ruhestand

Machst schöne Pläne fürs Alter

Träumst von dem was kommt

Als Ruhestandgestalter

Hast alles verschoben was sich lohnt

Nur heut ist weniger Leben dabei

Denn - wenn die Zeit kommt

Dann ist die Zeit vorbei

Fast unerträglich war es für mich

Ich fühlte mich als Kind alleine

Den einen Beruf suchte ich

Ahnung hatte ich keine

Einen Beruf fürs Leben

Nicht so wie heut auf Zeit

Er sollte sicheres Leben geben

Wer ist schon mit 14 Jahren so weit

Du denkst du kennst die Welt

Doch du kennst nicht einmal dich

Bekommst gerad dein erstes Geld

Und fühlst dich stark und jugendlich

Die Welt ist dir untertan

Du bist die EINS unter Nullen

Verfallen bist du dem Größenwahn

Und eine kleine Nummer bei den Bullen

Am Nebentisch sitzen sie

Einige alte Männer und Frauen

Aus IHREM Leben erzählen sie nie

Niemand will sich den Abend versauen

Sie prahlen pausenlos

Aus Kinder- und Enkelleben

Und stellen sich gegenseitig bloß

Letzter Triumph in verlogenen Reden

Wohin ich auch geh

Ich sehe sie in Schänken

Im Biergarten und im Kaffee

Breitbeinig sitzen sie auf Bänken

Schlaffe Männerbeine

In kurzer Hose präsentiert

Dazwischen - tot an langer Leine

Duftbeutel - in Feinripp zelebriert

Vor kurzem noch

War ich nur der Neue

Und ich spürte diesen Bruch

Denn gegrüßt wird hier aus Treue

Nach nur einem Jahr

Was wohl für mich spricht

Und - das ist tatsächlich wahr

Grüßen Leute - die kenne ich nicht

Ich sehe sehr viele junge Leute

Doch wenige sehe ich lachen

Junge Leute lieben heute

Alte – Leute - Sachen

Sie wollen alle retten

Haben ihre Schnauze voll

Klüger wär wenn sie es täten

Mit Sex & Drugs & Rock 'n' roll

Noch einmal jung sein

Ich würde den Teufel tun

Niemand hat 2x so viel Schwein

Lieber möchte ich in Ewigkeit ruhen

Wieder diese Triebe

Hormone die steuerlos sind

Die alles verwechseln mit Liebe

Lieber wäre ich für immer ein Kind

Zwei große Tische mit vielen Frauen

Hier die jungen - da die grauen

Schönheit trifft Erfahrung

Träume und Erinnerung

Bestenauslese beginnt

Und die Schönheit gewinnt

Die grauen Frauen verstummen

Evolution ist wieder mal gelungen

Eben war ich noch ein Kind

Lebte nach Irrtum und Versuch

Als Kind verging Zeit nie geschwind

Das Leben war so wie ein leeres Buch

Heute schaue ich zurück

Wichtiges hat's kaum gegeben

Nach vorn geht nie mehr der Blick

Vergangenheit - ist heute mein Leben

All diese Populisten lügen

Über Krieg Corona und Pandemie

Es sollte immer die Wahrheit siegen

Schlecht lebten wir mit Wahrheiten nie

Erfolg und Geld und Wein

Wonach wollen wir noch streben

Soll die Jugend heut solidarisch sein

Nur damit wir alten Leute ewig leben

Pläne versagen im Alter

Zukunftsängste sind passé

Keine Erzieher oder Gestalter

Einsamkeit - tut gar nicht so weh

Würde ich heut geboren

Dann bitte als alter Mann

Reich und gesund und verdorben

Nichts was noch schöner sein kann

Viele junge Leute

Gehen langsam vorbei

Träumen von einem 'Heute'

Hoffnung - Erwartung - Liebelei

Viele alte Leute

Die Erwartungen vorbei

Vergessene Träume heute

Ohne Hoffnung und ohne Liebelei

Der alte Mann – zitternd und falb

Bestellt sich ein Bier mit Fisch

Lebte lang und ist schon alt

Sitzt zu weit vom Tisch

Essen verschwindet auf dem Weg

Von seinem Teller zum Schlund

Nur das Bier hat ein Privileg

Landet komplett im Mund

Ich bin fast schon 80 Jahr

Und denke mir es naht das Ende

Doch dann erfahr ich - es ist wahr

Manch einer wird dann erst Presidente

Meist erfolglos und korrupt

Und haben sie das Amt errungen

Wird bestochen und wird gemobbt

Nur machen das auch gern die Jungen

Schwerhörig - laut und unangenehm

So nahm ich ihn war – den Alten

So werde ich alle Alten sehn

Die Nazizeiten verwalten

Sein Enkel stellte Fragen

Die Antwort war fast Poesie

Laut hörte ich den Alten sagen

"Einen guten Nazi gab es noch nie"

Gestern dachte ich noch - wie schade

Alt zu werden das lohnt sich nicht

Erfahrungen die hätten gerade

Kein Ansehen und Gewicht

Ich denk zurück im Leben

Zukunft hab ich nicht so viel

Will man ein Geschenk mir geben

Schmerzlos zu bleiben – wäre ein Ziel

Ich seh die mittelalte Frau

An ihrem Tisch allein mit Wein

Ein Blick der nur ins Leere schaut

Ein Mensch - der ohne Tränen weint

Trauer sah ich nie intimer

Nie heiße Tränen so verborgen

Verzweiflung niemals intensiver

Sie müssen schwer sein ihre Sorgen

Das junge Mädchen

Wunderschön und so nett

Sitzt vor einem Haarelädchen

Hat Pause und es fragt kokett

'Darf ich rauchen

Oder stört sie der Rauch'

Beim alten würd ich fauchen

Beim jungen – fauche ich auch

Familie

und

Nachbarn

Häufig TRÄUMTE ich als Kind

'Träum nicht' – wurde mir gesagt

Träumte ich - wurd ich geschwind

Zurück ins grausame Leben gebracht

Das WAHRE Leben sind die Träume

Unterbrochen - durch die Realität

Lasst euren Kindern ihre Räume

Und auch ihre Spiritualität

Man sagte es ihm als Kind

Und es hörte es täglich wieder

Du bist viel dümmer als andere sind

Du taugst nicht für die Welt der Sieger

Geduckt wuchs es heran

Ist meist gut damit gefahren

Nur manchmal fragte es – WARUM

Es starb in der Gosse – jung an Jahren

Mein Vater war ein Lieber

Als Säufer nie ein Aggressiver

Er war ein Lover und kein Krieger

Beliebt als lebendes Antidepressiva

Wichtig war ihm kein Geld

Statt 'Sex & Drugs & Rock'n'roll'

Liebte er in seiner kleinen Welt

Weiber und Schnaps und Männerchor

Seine Tochter liebt er

Doch hasst er seine Frau

Früher war er mal verliebter

Doch heute ist der Ton sehr rau

Seine Frau ist seine Ex

Ex wird seine Tochter nie

Doch steht er auf dem Index

Sie haben gegen ihn eine Allergie

Manchmal spüre ich die Stimmung

Ich fühle wieder die Bedrohung

Und erinnere die Gesinnung

Stufen der Verrohung

Manche Schmerzen sind geblieben

Meine Träume die ich zerstöre

Narben die Gedanken trüben

Stimmen – die ich höre

Ein Kind wirft mir vor

Du warst nie für mich da

Ich höre zu und bin ganz Ohr

Sage – dass es nicht mein Job war

Ob Wunsch - ob Pflicht

Ich hab dir nichts zu geben

Und - MEIN Kind bist du nicht

Du gehörst nicht zu meinem Leben

Sie kommen tagtäglich

Punkt 17 Uhr tagaus tagein

Beide grüßen immer sehr höflich

Er trinkt gern Bier - sie trinkt Wein

Sitzen sie erst am Tisch

Sind sie für den Krieg bereit

Täglich verachten sie sich frisch

Ihr Lebensinhalt ist Hass und Streit

Weihnachten das ist

Für die Familie ein Fest

Wenn du kein Angepasster bist

Wirst du ein Leben lang gedisst

Was du tust als Gast

Bei so einem Familienfest

Wird zu einer schweren Last

Wenn Weihnachten vorüber ist

Menschen gibt es viele

Manche hetzen und verletzen

Doch sollen die feindlichen Ziele

Nur das Leiden ihrer Seelen ersetzen

Diese tödliche Strafe

Verachtung heißt das Gift

Nutzen Kinder schon als Waffe

Die Dumme befriedigt und jeden trifft

Ihr lebtet im besten Land der Welt

Und wollte einer in den Westen

Tötete man und wurde Held

Ihr wart die Besten

Dann siegte die Gier

Und die D-Mark sollte her

Ihr gröltet: 'Das Volk sind wir'

Und träumt heut wieder von der DDR

So lange Mütter mit Kind

Für ihre Rechte demonstrieren

Und halten ihre Kinder in den Wind

Damit sie Pfeffer und Gas respirieren

Werde ich für möglich halten

Dass sie es auch Freiheit nennen

Wenn sie ein Kinderleben verwalten

Und glauben - dieses opfern zu können

Wenn Kinder quengeln

Denken Eltern meist daran

Ihre kleinen Kinder zu gängeln

Und schreien sie laut flüsternd an

Kinder brauchen Liebe

Werden ohne Lob nicht groß

Sonst wird Vertrauen zur Lüge

Eltern müssen lieben - bedingungslos

Achtzig Jahre – wenig weise

Doch mit einem enormen Wissen

Er prahlt laut - er kann nicht leise

Der Anstand hat ihn längst verlassen

Laut beschimpft er seine Frau

Dumm und dämlich so nennt er sie

Traurig schaut sie - und weiß genau

Alleine nach Hause – das schafft er nie

Seit Jahren schon ignorierst du mich

Niemals erfuhr ich deine Gründe

Willst nun kommen - zufällig

Quatschen für 'ne Stunde

Was soll ich dir sagen

Ich will dich nicht belehren

Doch die vielen tausend Fragen

Sind mit 'Small Talk' nicht zu klären

Ich mag nicht die vorwurfsvollen Fragen

'Hast du etwa KEINE Fehler gemacht'

Auch nicht die Rügen oder Klagen

'Wir haben Opfer gebracht'

Ich machte Fehler – doch nicht so viele

Und ich lernte sehr viel aus jedem

Neue Entscheidungen und Ziele

Es war immer MEIN Leben

Ein Schwein an der Wand

Panische Angst in den Augen

Mit Beil – Messer und bloßer Hand

Will man dem Tier sein Leben rauben

Ich sehe als kleines Kind

Gemetzelte - zuckende Gebeine

Organe die dampfen und blutig sind

Und werde geschlagen - weil ich weine

Familien erschrecken mich

Ob Kirche – Mafia oder Mama

Erfahrungen sind oft fürchterlich

In vielen Fällen ein tragisches Drama

Meist geht es um Macht

Menschenrecht hält keiner ein

Häufig ist es eine blutige Schlacht

Niemals werde ich ein aktiver Teil sein

Ein junges Elternpaar mit Kindern

Sitzt im Restaurant am Tisch

Will "Kind sein" verhindern

Für viele Eltern typisch

"Ruhe" - rufen sie laut

Kinder müssen leise sein

Keiner der noch anderen traut

Erziehung lässt oft die Kinder allein

Leben

und

Sterben

Über 70 bin ich

Und es ist interessant

Manchmal wundert es mich

Tote in Anzeigen sind oft bekannt

Alle sterben wir

Treffer kommen näher

Sterben die Jungen vor mir

Ist es nicht schlimmer - nur eher

Morgen sehe ich dich wieder

Wir haben zusammen viel erlebt

Na klar – heute lachen wir darüber

Doch haben wir uns als Kinder geliebt

Unser Kontakt blieb aus

Deine Karriere war zu stark

Dein Auto – deine Frau – dein Haus

Er steht dir gut – der Mahagonisarg

Warum soll auf der Welt

Noch dazu in meinem Leben

Sich Glück - und Gut - und Geld

Freiwillig in meine Hände begeben

Niemand kann es sagen

Keiner der die Zukunft kennt

Und warum schönes hinterfragen

Ich nehme das Gute - wie es kommt

Ich schaffe es nicht

Ich werd nicht überleben

Mein Doktor weinte bitterlich

Es ist ihm ins Gesicht geschrieben

Metastasen überall

Röntgenbilder lügen nicht

Mein Leben wie im freien Fall

Ich seh im Tunnel schon das Licht

Ich trinke gerne Aperol

Ganz egal wo ich gerade bin

Manchmal bin ich davon ganz voll

So ergibt Aperol-Spritz einen Sinn

Ich hab nicht die Wahl

Die Wirkung spüre ich wohl

Was man trinkt - ist ganz egal

Gespürt wird immer nur der Alkohol

Es ergibt einen Sinn

Und er ist mir längst klar

Das Schreiben ist mein Gewinn

Täglicher Reim ist mein Leben sogar

Wie kann ich wissen

Ob ich ohne leben werde

Gefühle werden mich verlassen

Ich schreibe - weil ich sonst sterbe

Dummheit und Klugheit begegneten sich

Als die Dummheit nichts verstand

Schlug sie die Klugheit elendig

So ganz ohne Verstand

Klugheit lernte daraus

Zog die Schlüsse aus Kummer

Die Klugheit merzte die Fehler aus

Nur die Dummheit – sie blieb wie immer

.

Ich spüre es heut zum ersten Mal

Die Erinnerungen verschwinden

Worte sind nicht mehr real

Gedanken nie zu finden

Erkenne Worte - nicht den Sinn

Nicht was ihr Klang bedeutet

Angst lebt in meinem Hirn

Spür wie es sich häutet

Die Welt stand uns offen als Kind

Wir träumten die kühnsten Träume

Das Leben raste mit uns geschwind

Wir ließen die Kinderträume alleine

Leben vergeht während wir träumen

Und hat uns die Träume vertrieben

Unsere Träume wuchsen auf Bäumen

Kein Traum ist MIR mehr geblieben

Ich mag die Wahrheit

Doch liebe ich gute Lügen

Wahrheit ist kalte Klarheit

Gute Lügen bereiten Vergnügen

Wahres vor dem mir graut

Kann ich in deinen Augen lesen

Und ich weiß ich hab es versaut

Lügen wäre so viel besser gewesen

Im Regen sitze ich

Und träume vom Strand

Ich wundere mich auch nicht

Spür schon auf der Haut den Sand

Fantasien sind real

Natur die Träume weckt

Warum das ist mir ganz egal

Wissende nennen es Placebo-Effekt

Frau Doktor ist mit mir zufrieden

Sie hat Wissen – ich habe Geld

Darum sind wir so verblieben

Sie schützt meine Welt

Ich kriege Impfung und Tabletten

Auch Ultraschall und Vitamine

Gerne lasse ich mich retten

Ich bin alt – sie Blondine

Ich spüre die Jahre

Mein Umfeld – es stirbt

Ist fast schon Ausschussware

Das Ende meiner Welt – es wirbt

Gutes wird schlecht

Gedanken fürchten sich

Wahrscheinlich ist es gerecht

Und es wird auch Zeit für mich

Wer Anderen viele Gruben gräbt

Ist vielleicht ein Grubengräber

Und wer als Parasit nur lebt

Ist niemals Kostenträger

Lügen haben viele Beine

Beten ist Fantasie der Not

Lug und Trug sind nicht alleine

Und wer nicht älter wird - ist tot

Und irgendwann endet unsere Zeit

Die Jahre – sie schwinden im Nu

Wir ahnen unsre Dunkelheit

Es geht aufs Ende zu

Wir hoffen auf den neuen Tag

Doch nur gute Tage zählen

Leben so lange man mag

WIR KÖNNEN WÄHLEN

Manchmal bin ich so betroffen

Dann überleg ich 'Was wäre gewesen'

Hätt ich Entscheidungen anders getroffen

Welches andere Leben würde ich dann leben

Es waren so viele Leben möglich

So viele Optionen habe ich verprasst

Welche dieser Leben waren schon tödlich

Oder hab ich ein besseres vielleicht verpasst

Leute kommen – bleiben - gehen

Bei einigen kann ich's kaum erwarten

Egal für welche Meinungen sie stehen

Ich verabscheue all diese dummen Arten

Der alltägliche Sozialkontakt

So hässlich – lästig – wunderschön

Ich schloss mit dem Teufel einen Pakt

Und muss nie mehr dumme Menschen sehn

Täglich geh ich essen

In meiner Kneipe ums Eck

Trinken werde ich nie vergessen

Ein Leben wie eine Made im Speck

Ich gehe wann ich will

Und zahl beim nächsten Mal

Traurig – lustig – laut oder still

Alles darf ich sein – hier ist es egal

Wenn ich im Jenseits schreiben könnte

Wäre ich vielleicht schon drüben

Wenn der Teufel es mir gönnte

Dann wäre ich zufrieden

Mehr benötigte ich nicht

Ich würde mich sehr bedanken

Dazu noch Stift – Papier und Licht

Und all meine vielen kranken Gedanken

Morgens wach ich auf

Greife dann zur Zigarette

Danach beginnt der Tageslauf

Mit meinem Gang zur Toilette

Dann mit etwas Dusel

Und mit Schmerztabletten

Und – zum Überleben Fusel

Erwach ich wieder für Zigaretten

Denselben Körper hatte ich gestern

Fühlte mich gesund und munter

Hatte Tugenden und Laster

Lebte rauf und runter

Etwas Schwund ist immer

Den Tod machte ich lächerlich

Heut grinst er im Krankenzimmer

Denn der Schwund bin heute - ICH

Ganz genau hat er gesucht

Und keine Krankheiten entdeckt

Den Arzt-Termin habe ich gebucht

Und bin nun gründlich durchgecheckt

Für mein Alter - kerngesund

Nur irgendwie fühl ich mich leer

Er meint: 'Sorgen seien ohne Grund'

Nur Lust hab ich schon lang nicht mehr

Alle Wege die wir gehen

Sind ziemlich mutige Schritte

Wir können die Ziele nicht sehen

Nicht die Fallen - nicht die Stricke

Abenteurer wagen sowas

Es sind die Verrückten eben

Für uns Normale bedeutet das

Vernunft gehört niemals zum Leben

Manchmal vergieße ich bittere Tränen

Und ich weiß nicht einmal warum

Manchmal ist es nur ein Sehnen

Oder nur ein Beatles-Song

Tränen meiner Hilflosigkeit

Scheitere verzweifelt am Leben

Weinen - dass meine Seele befreit

Dafür schlägt mir Verachtung entgegen

Es gibt Dinge die hätt ich gern gemacht

Mit Willy Brandt besoffen gelacht

Mit Ali auf die Runde gewettet

Und John Lennon gerettet

Einstein würd ich befragen

Adolf Hitler zeitig erschlagen

Und Schmidt vor Genscher warnen

Und einmal nur Oliver Sacks umarmen

Heute sah ich ihn wieder

Er sah böse durch das Fenster

Und schaut gefährlich wie ein Tiger

Manchmal - sähe ich lieber Gespenster

Dann wurde ich zum Killer

So wie auf dem Feldherrnhügel

Ich wurde still der Feind noch stiller

Heldenhaft - erschoss ich meinen Spiegel

Ich bin nur - eine Randfigur

Geboren: Als viele geboren wurden

Missachtet: Als viele missachtet wurden

Geschlagen: Als viele geschlagen wurden

Benutzt: Als viele benutzt wurden

Missbraucht: Als viele missbraucht wurden

Geliebt: Wie wenige geliebt haben

Zerstört: Wie wenige zerstört wurden

Der einzig reale Sinn

In jedem einzelnen Leben

Besteht ausschließlich nur darin

Das eigene Leben weiter zu geben

Unsere Art zu erhalten

Die Gene weiter zu reichen

Egal - wie wir Leben gestalten

Fortpflanzung - geht über Leichen

Ich treffe im Jenseits nicht die Lieben

Ich warte nicht auf die - die blieben

Ich bleibe auch nicht beseelt

Wenn man von mir erzählt

Mit mir sein in Gedanken

Könnt ihr euch gerne schenken

Vergesst mich ruhig – alles ist gut

Denkt nicht an mich – ich bin längst tot

Seh ich mein Leben

Dann denke ich bei mir

So viel hast du mir gegeben

Mehr als ich erträumte von dir

Sollte ich deswegen

In einem nächsten Leben

Mir dasselbe nochmal geben

Nein - im zweiten bin ich verwegen

Wenn sie flehen – versprich was sie wollen

Lüge für sie das Blaue vom Himmel

Schöpfe ruhig aus dem Vollen

Erfinde Einhorn-Schimmel

Sie wollen belogen werden

Auf ihrem Weg nach Drüben

Wollen sie nicht die Wahrheit hören

Glaub mir - Sterbende muss man belügen

Manchmal ging ich über den Friedhof

Auf schnellem Weg von A nach B

Und dachte oft: Wie doof

Über Leichen zu gehen

Heut liege ICH im Grab

Freu mich weil Leute gehen

Auf schnellem Weg von B nach A

Und manchmal – da bleiben sie stehen

Keiner lebt für sich

Wir alle kennen die Leute

Viele drängeln sich zum Licht

Einige sind Fänger - andere Beute

Beute oder Fänger

Alle suchen etwas Glanz

Als Bewunderungsempfänger

Ein Veitstanz um die Lebensbilanz

Das Gedächtnis ist kein Speicher

Erinnerungen sind nicht real

Sie werden einfallsreicher

Ändern sich jedes Mal

Sie arbeiten für dich

Machen das Leben besser

Deine Erinnerung ist an sich

Immer ein Wahrheitsverbesserer

Ein Stift nur und ein Stück Papier

Mehr will ich nicht vom Leben

Dazu vielleicht ein kühles Bier

Oder ein Saft von Reben

Für manche bin ich Spinner

In meiner Welt ein Superheld

Denn reich war ich schon immer

Doch heute hab ich auch noch Geld

Oft denke ich an sie

So zart und unvergleichbar

Wie sie – war eine andere nie

Und auch als "Lady" unerreichbar

Selbstlos - ihre Liebe

Ihr Wesen war fast weise

Ich wollte dass sie ewig bliebe

Doch meine Kätzin starb ganz leise

Das vergangene Jahr

Wurde von Erfolg gekrönt

Es war ein gutes Jahr fürwahr

An Covid hatte man sich gewöhnt

Einige wollen wissen

'Covid zerstörte ihr Leben'

Den Erfolg den sie vermissen

Hat es in ihrem Leben nie gegeben

Manchmal färbt Erinnerung

Schöne Erlebnisse in Wehmut

Abenteuer erlebten wir meist jung

Wer versteht warum es heut weh tut

Erinnerung ist die Gleiche

Es bleibt dir dasselbe Erlebnis

Nur stellen Gehirne neu die Weiche

Wenn ein Mitabenteurer gestorben ist

Ein Optimist lebt seinen Tag

Im Wissen dass der Tag ihn mag

Wird dann sein Tag zu Ende gehen

Weiß er genau – mein Leben ist schön

Ein Pessimist plant einen Tag

Ist sicher dass kein Tag ihn mag

Wird dann sein Tag zu Ende gehen

Weiß er – ich habe es kommen sehen

Zur Stammkneipe im Regen

Manche nennen das schon Sucht

Bliebe ich sitzen daheim deswegen

'Cold Turkey' wär schon längst in Sicht

Darum meint mein Mediziner

Ich solle – um gesund zu werden

Die Sucht bekämpfen wie ein Tiger

Das alles nur – um GESUND zu sterben

Manchmal bin ich verwirrt

Und verberge meine Ansicht

Denke dann – was wohl passiert

Käme meine Sicht nicht ans Licht

Dann wieder sage ich mir

Nein – du bist doch verrückt

Die Erde dreht sich wegen DIR

Und wieder bin ich von mir entzückt

Schon wieder zum Friedhof

Schon wieder ein letzter Gang

Neue Anschrift ist der Kirchhof

Mancher lebt hier schon sehr lang

Einige Trauergäste weinen

Andere vergewissern sich nur

Versammlung an toten Gebeinen

Dreht schon jemand an MEINER Uhr

Manchmal befreit mich die Planung schon

Dann kündige ich all das was ich so habe

Mach ein Gedicht – dem Leben zum Hohn

Schreib auf was ich noch zu sagen wage

Schaue auf Münster mach es mir bequem

In dem Lieblingssessel in meinem Zimmer

Kann mein 'Jenseits' nun fast schon sehen

Entzünde meinen Grill - und geh für immer

Jeder stirbt allein

Einige leiden schrecklich

Andere schlafen einfach ein

Weil ihr Leben freundlich entwich

All die - die blieben

Die Bösen und die Guten

Wollen sie Tote weiterlieben

Müssen sie bis an ihr Ende bluten

Es waren nicht die Wunden

Es war auch nicht der Schmerz

Auch nicht meine verlorenen Stunden

Nicht der Schock und das rasende Herz

Der Zweifel ist schlimmer

Hätte ich etwa anders reagiert

Die eine Frage stelle ich mir immer

Wär der Sturz auch NÜCHTERN passiert

Ich bin sehr verblüfft

Und ich kann es kaum fassen

Ich habe es stündlich überprüft

Konnte den Blick nicht von mir lassen

Die Wunden im Gesicht

Die da seit drei Tagen weilen

Ein Wunder ist es aus meiner Sicht

Stündlich kann ich sehen wie sie heilen

Ich habe die Lösung für mein Problem

Kann heute meinen Sturz erklären

Schicksal ließ es so geschehen

Um Aufschub zu gewähren

Wär es anders gekommen

DANN wär ich zu bedauern

Die Busse hätten es übernommen

Die drohend an der Kreuzung lauern

Ich kenne sie schon ein Leben lang

Doch groß ist heute ihre Not

Das Leid das sie bezwang

Bringt ihr den Tod

Keiner soll sie retten

Sie will auch keine Medizin

Ich erfülle ihre letzten Bitten

Schenke Liebe - Nikotin und Kokain

Nur mein Gehirn erkennt mein Leben

Erklärt es so - dass ich versteh

Gerade genug um zu überleben

Weil ich glaube was ich seh

Wie ein Benutzerhandbuch

Zeigt mir das Hirn die Tasten

Leben ist ein Anpassungsversuch

Realität - zeigt kein Gehirnkasten

Was ich erlebte

Das gönne ich jedem

Den ich irgendwann liebte

In meinem wunderschönen Leben

Was ich ertrug

Das gönne ich jedem

Der mich belog und betrog

Und erniedrigte in meinem Leben

Ich schreibe täglich – stündlich - immer

Das was ich denke muss ich schreiben

Ich tu es gern und find es prima

Gelebte Süchte sollen bleiben

Schreiben wo ich geh und steh

Manchmal wird die Lust zur Bürde

Doch weiß ich heut - und ich versteh

Ich schreib weil ich sonst sterben würde

Jeder lebt in einer Blase

Aus Bestätigung und Zweifel

Wer fasst an seine eigene Nase

Kritiker - wünscht man zum Teufel

Ohne Zweifler bleiben nur

Ja-Sager und Speichellecker

In deiner Blase gilt deine Zensur

Und alle - geben dem Affen Zucker

Recht zu haben oder es zu bekommen

Ist für Reiche meist das Gleiche

Arme sind davon ausgenommen

Doch Arme lieben Reiche

'BILD' druckt Promischeiß

Und verkauft alles als Kultur

Die Armen lieben das Königshaus

Sind dem Reichtum fast auf der Spur

Es war schon spät als sie zu mir kam

Das rettete ihr nicht das Leben

Ihr Weg - so war mein Plan

Führte heut nach Eden

Gründlich hatte ich alles vorbereitet

Und nun war ihre Zeit gekommen

Ein Plan perfekt verarbeitet

Ihr Ende war gelungen

Sie fährt gern Rad

Und sie fühlt sich sicher

Ohne wäre das Leben zu fad

Und mit dem Rad so viel fröhlicher

Er findet das Auto gut

Was jetzt kommt ist hart

Ohne Auto wär er jetzt so tot

Wie die fröhliche Frau mit dem Rad

Schon wieder der letzte Tag im Jahr

Und wieder ist das Jahr zu Ende

Da es ein Teil des Lebens war

Liebe ich die Jahreswende

Viele Jahre die mir Freude brachten

Und zu mir sagten 'Alles wird gut'

Die mein Leben besser machten

Sagen auch 'Vergiss die Wut'

Wir lieben uns seit Jahren

Nichts soll unsere Liebe stören

Und all das was wir sind und waren

Lernen wir - und es wird zu uns gehören

Wir lernen von den Experten

Lesen und Schreiben mit Autoren

Und diskutieren mit großen Gelehrten

Nur beim Sex da wollen wir nichts hören

Liebe

und

Hass

Als Basis in unserem Leben

Muss es RESPEKT geben

Und wichtig ist VERTRAUEN

Ob Männer oder Frauen

FREUNDSCHAFT gibt es nur

Ganz ohne jede Zensur

Wunderschön war es nur da

Wo auch die LIEBE war

Frauen gehen vorüber

Viel zu schön für einen Mann

Darum mögen Frauen sie lieber

Weil Liebe auch divers sein kann

Als den Mann fürs Leben

Wollen sie den Mann von Welt

Was er hat - soll er auch geben

Das Gute an Männern ist das Geld

Eine Frau winkte mir zu

Sie lächelte fast schon intim

Seit dem komm ich nicht zur Ruh

Ihre Schönheit war zum Niederknien

Dann sagt der Verstand

Sie ist eine der Schwestern

Ohne Gewand hätt ich ihn erkannt

Meinen 'One Night Stand' von gestern

Manchmal bin ich hilflos ohne dich

Fühl mich einsam und verlassen

Alles war so sicher für mich

Alles schien zu passen

Dann rede ich mit dir

Und weine heimlich – leise

Und du sagst im Traum zu mir

'Auch hier im Himmel ist es scheiße'

Leben fällt mir schwer

Mit dir war alles ganz leicht

Ein Teil in mir ist furchtbar leer

Es ist meine Lebenslust - die weicht

Alles in mir will zu dir

Je größer unsere Distanz

Immer mehr regiert das 'WIR'

Bald verblasst die Gegenwart ganz

Die süße Frau von nebenan

Ich seh es klar in ihrem Blick

Sie sieht mich immer heimlich an

Und hält mich für ihr großes Glück

Intensiv schaut sie ins Leere

Sieht eine Zukunft die erstrahlt

Sie macht bei der Bank die Lehre

Kennt mein Konto - und weiß wer zahlt

Morgen schon wieder

Seh ich meine Freundin Ida

Bei mir kommt meine Ida prompt

Und ich komm auch - weil Ida kommt

So leben wir zufrieden

Werden heftig weiterlieben

Doch wenn wir zusammen leben

Keiner von uns könnte Liebe geben

Die Liebe meines Lebens

Hat mich nie wirklich geliebt

Ihre Liebe war nie mein Streben

Meine Liebe hat für uns beide genügt

Niemand liebte dich wie ich

Keiner wär für dich gestorben

Ich würd mich entleiben für dich

Damit du lieben könntest - morgen

Gespräche finden nicht mehr statt

Wer anders denkt ist der Feind

Dummheit habe ich so satt

Verstand wird verneint

Keine Diskussion mehr

Austausch - ohne Empathie

Alle sind nur wütend und leer

Obwohl jeder weiß - Hass hilft nie

Sie leidet - und sie ist bedrückt

Die wunderschöne kluge Frau

Ihr ist das Leben entrückt

Verlorenes Vertrauen

Der Liebste ging fort

Heute fühlt sie die Not

Morgen spürt sie den Support

Verlassen kann SIE nur ein Idiot

Hätte ich gewusst dass sie SO ist

Ich wär der Susi treu geblieben

Es wäre mir der ganze Mist

Dann erspart geblieben

Ich sagte – Moni ich lieb dich nicht

Da zog sie mich aus - mit Blicken

Meinte nur - entspanne dich

Ich brauch dich nur zum ......

Dein Antrag ehrt mich

Doch was haben wir gemein

Gemeinsames ist kaum möglich

Du bist so jung – ich alt und allein

Es reizt mich so sehr

Deinen Körper fühle ich

'Nein' zu sagen fällt so schwer

Ich denk – ich sage es auch nicht

Hab mich verliebt - in ein Phantom

In meinem Traum heute Nacht

Nie hab ich Liebe so gesehen

Glücklich bin ich erwacht

Sehe noch Augen leuchten

Spür den Körper der mich hält

In meinen Tränen - den feuchten

Ertrinkt eine zerstörte lieblose Welt

Heute will ich nichts mehr von ihr

Doch weiß ich nicht mehr weiter

Tief in mir wünschte ich mir

Sie wär heut gescheiter

Als sie einst mein Herz sich stahl

Gab sie's zurück nach einem Jahr

Und nur weil ich zu Karneval

Kurz in einer andren war

Weihnachten bei 40 Graden

An Australiens schönen Küsten

Weiße Strände an denen wir lagen

Strände - an denen wir lieben mussten

Heute denk ich dran zurück

Liebe tut gut und manchmal weh

Doch weiß ich heut über das Glück

Liebe war nie heißer - als im Schnee

Morgen ist der Tag an dem wir leiden

Unser letzter gemeinsamer Tag

Nichts bleibt von uns beiden

Nur ein tiefer Schlag

Wir haben es verbockt

Wir waren gemeinsam alleine

Haben unsere Chance verzockt

Wir hatten Träume – jeder hatte seine

Du warst so verlegen

Als wir uns gestern trafen

Müssen wir uns etwa vergeben

Dass wir gern miteinander schlafen

Ist dir etwas peinlich

Wir haben doch viel gelacht

Sie beneiden dich wahrscheinlich

Dreimal kamst du - in einer Nacht

Du bist jung und verkommen

Für einen alten Mann ein Traum

Du tust so als wärest du gekommen

Und ich fühl mich wie Tarzan im Baum

Alles geb ich was ich habe

Es ist nur Erfahrung und Geld

Das was ICH habe - ist keine Gabe

Das was DU gibst - eine ganze Welt

Ich hör dich von Sex erzählen

Stolz von den multiplen Orgasmen

Du zählst dabei deine einzelnen Wellen

Als seien Orgasmen die Summe der Spasmen

Und Schwule erkennst du sofort

Für dich sind solche Typen pervers

Lesben sind die Weiber im Männersport

Und dann komm ich und erzähl von "DIVERS"

Zwei himmeln sich an

Jugendlich - ganz und gar

Berühren sich dann und wann

Und sie kommen sich ziemlich nah

Nichts was sie aufhält

Sie wissen es wird gelingen

Heute besitzen sie diese Welt

Gut – dass sie Zukunft nicht kennen

Ein Mann sagt wichtige Sätze

'Ich lieb dich mehr als das Leben'

Und hält sie inhaltlich für Schätze

Wim Wenders ließ in Filmen so reden

Erwiderst du die Liebe nicht

Ist er Opfer – ein gekränktes

Und scheut sich nicht der Wicht

Zerstört DEIN Leben und versenkt es

Es geschieht immerzu

Und nicht nur dann und wann

Dass ein Mann so wie ich und du

Frauen und Kindern Gewalt antun kann

Viele tapfere Männer

Sind für den Krieg gemacht

Verbal eher die Geheimniskrämer

Werden Beziehungen zu ihrer Schlacht

Vergessen fällt so schwer

Es ist viel zu leicht zu träumen

Im Traum bekomme ich täglich mehr

Und muss keinen Höhepunkt versäumen

Zu oft träumte ich von dir

Und ich hielt es noch für Liebe

Doch heute weiß ich - es war nur

Die Befriedigung meiner niederen Triebe

Ein Herrenmensch sitzt im Lokal

Er fixiert die weiblichen Gäste

Alle sind für ihn im Saal

Evolutionär nur Reste

Die Mimik hasserfüllt

Zu alt - zu dumm - zu klein

Man kann sehen was er fühlt

Seine Angst muss entsetzlich sein

Ein Rollstuhlgast rollt in den Saal

Der Wirt räumt Stühle beiseite

Gäste sehen in großer Zahl

Die Frau an seiner Seite

Jung - perfekt und schön

Traumfrau die keiner vergisst

Fragende Blicke: Ist das obszön

Und wenn es einfach nur LIEBE ist

Schon immer war zu sehen

Viele Frauen unterwerfen sich

Zu viel Gewalt - in zu vielen Ehen

Gleichberechtigung ist nicht in Sicht

Viel ist doch passiert - naja

Es ist noch eine lange Schlacht

Doch liegt es in männlicher DNA

Im Alltag - hat der Kerl die Macht

Sie sieht mir in die Augen

Spricht von anständigen Typen

Und dass die Männer nicht taugen

Die nur auf Ärsche sehen und Titten

Ihr enges T-Shirt spannt

Nichts - was verborgen blieb

Sie raubt mir Atem und Verstand

Ich tauge nichts als anständiger Typ

Alle glauben an Liebe

Trotzig und immer wieder

Glauben dass sie ewig bliebe

Und schreiben kitschige Lieder

Mit Lügen beginnt sie

Wahres nur nach Belieben

Und ehrlich ist die Liebe nie

Liebe endet IMMER mit Lügen

Welt

und

Umwelt

Sie spiegelt sich im Wasser

Unsere Sonne – nach dem Regen

Es trocknet und wird wieder nasser

Obwohl die Menschen es nicht regeln

Die Welt die wir so lieben

Sie wird sich ohne uns drehen

Nur ist der Kinderglaube geblieben

Die Welt existiert weil wir sie sehen

Unser vergangenes Jahr

War ein spritziges fürwahr

Und wir sind trotz aller Bitten

Mit der Seuche schon im Dritten

In einsamen Jahren der Pandemie

Verstanden uns die Medien nie

Selten ging es um die Toten

Viel zu oft um Idioten

Alle Probleme werde ich lösen

Ich weiß wie es geht – ich bin klug

Verhindern kann ich auch all die Bösen

Und ausrotten werd ich dann Lug und Trug

Den Klimawandel werd ich ändern

Es ist möglich – man muss sich trauen

Und all die Kriege werde ich verhindern

Ich muss nur die Erde von Menschen befreien

Er bläst von hinten

Schiebt warm und stark

Bis ihm die Kräfte schwinden

Wie ich es liebe und wie ich es mag

So geht es geschwind

Dann genieß ich eine Pause

Nach der Pause dreht der Wind

Schiebt mich auf dem Rad nach Hause

Die Erde öffnete eine Tür

Und der Homo sapiens trat ein

Wir als Natur können nichts dafür

Die Schöpfung muss schuld dran sein

Herrschende sind wir nicht

Unschuldig an allem was ablief

Natur vergaß das Gegengewicht

Der Menschheit fehlt ein Regulativ

Die Sonne spürt man wieder

Nach vielen kühlen kurzen Tagen

Scheinbar geht sie auf und nieder

Sie strahlt mich an – kaum zu ertragen

Diese Sonne mag ich nicht

Lieb nur ihren warmen Schatten

Denn scheint sie mir in das Gesicht

Dann fühl ich mich frisch aufgebacken

Mein Körper meint: "Du warst nicht nett

Ich werde heut dein Leben schwänzen

Leg mich für dich ins Krankenbett"

Heut spüre ich seine Grenzen

Der treue Diener lag danieder

Ich legte mich ins Bett - zu ihm

Versprach: "Ich kümmere mich wieder"

Und verschob schnell meinen Impftermin

Bin ich nur ein Spinner

Weil ich glaube was ich seh

Oder bin ich vielleicht dümmer

Und Klimaschutz ist eine Schnapsidee

Wir hatten unser Leben

Trotzdem treiben wir die Kids

Dem eigenen Untergang entgegen

Alte Umweltschützer sind ein Witz

Dichter Nebel bedeckt das Münsterland

Doch selbst im Nebel bleibt es schön

Die Macht hat keine Nebelwand

Das Schöne nicht zu sehen

Schönheit ist nur Relativ

Denn lebe ich in den Dolomiten

Bleibt zwar das Münsterland positiv

Mehr Schönes hat der Schlern zu bieten

Münstersche Busse sind ziemlich leise

'Elektrische' gehen hier auf Fahrt

Transportieren auf stille Weise

Menschen durch die Stadt

Abgasfrei durchs Paradies

Unterm Bus endete die Reise

Die erste Frage im Himmel hieß

Warum sind Münsters Busse so leise

Stürmisch ist der Wind

Und heftig fällt der Regen

Ich genoss es schon als Kind

Dass grelle Blitze mich erregen

Strandurlaub im Sommer

Ist nur ein schlechter Witz

Gewaltig ist ein lauter Donner

Als Beifall für den perfekten Blitz

In schrecklicher Weise

Zog kürzlich über Lippstadt

Ein Tornado schreckliche Kreise

Wie man es zuvor nie gesehen hat

Leben zerschmettert

Existenz von Gott vergessen

Mittendrin eine Oma die zetert

'100 Bäume mussten ihr Leben lassen'

Das Klima kippt

Und Waffen sprechen

Wer auf die Zukunft tippt

Wird sein Versprechen brechen

Die Erde ist leer

Das Ende selbstgewählt

Es gibt keine Umkehr mehr

Wir sind zu gewaltig für die Welt

Nach Boppard geht's – entlang am Rhein

Mit einer alten RHEINGOLD-Bahn

Beeindruckend ist das Designe

Und dass sie noch fahr'n

Die Reiseleitung inclusive

Touristen die alles überfüllen

Schiffe – Autos - Busse – Züge

Kommen her um alles zu vermüllen

Das Wort eines einzelnen Menschen

Kann Leben töten und begrenzen

Den Tätern ist das ganz egal

Opfer haben keine Wahl

Einzelne können die Welt verändern

Niemand wird sie daran hindern

Egal was einer entscheidet

Irgendjemand leidet

Einer Ratte geben wir Gift

In jeder Stadt und jedem Kanal

Ein qualvoller Tod - aus Rattensicht

Alternativlos – meint die Menschenmoral

Eine andere schützen wir

Der Mensch ist da wohl Realist

So viele vernichteten wir von ihr

Dass sie heut auf der roten Liste ist

Energie aus Sonne oder Wind

Wird unsere Welt nicht verändern

Da wir auf der Erde viel zu viele sind

Gehören wir zu den großen Verschwendern

Auch wenn wir uns Mühe geben

Selbst wenn wir die Lösung kennen

Die Menschen beenden bald ihr Leben

Weil sie nicht zurück in die Höhlen können

Gibt es einen Maßstab

Sag wann ist etwas schön

Wenn ich einen Maßstab hab

Sind die Vergleiche dann obszön

Es ist unvergleichbar

Dafür gibt es keine Norm

Schöne Wunder - vorzeigbar

Schönheit gibt es in jeder Form

Krieg

und

Frieden

Das bedeutet Krieg:

Terror – Gewalt - Mord

Soldaten metzeln für den Sieg

Egal welches Land und welcher Ort

Es sterben Humanität

Empathie - Moral - Anstand

Wer Menschlichkeit NICHT verrät

Den stellen Kameraden an die Wand

Freunde lebten miteinander

Friedlich – human und ungestört

Doch plötzlich zeigen sie aufeinander

Und wollen - was dem Anderen gehört

Kämpfen – Töten - Siegen

Blut – das zäh aus Körpern fließt

Jeder mordet für SEINEN Frieden

Freunde sind Fleisch auf das man schießt

Ich lebte erst danach

Und hab es nie verstanden

Das unsere Eltern millionenfach

Menschen mordeten als Nazi-Banden

Deutsche klagen heute

Wir sind die Spätgeburten

Wir kannten keine Nazi-Leute

Goethe und Schiller sind unsere Guten

Deutschlands bewaffnete Naivität

Flieht panisch vor den Taliban

Beschränkt in Solidarität

Clowns in Afghanistan

Wir wollten ohne Not

Demokratie am Hindukusch

Was wir bekamen war der Tod

Jeder Stammtisch hat es gewusst

Ukrainer werden zerfetzt

Menschen von Bomben zerrissen

Frauen und Kinder tot und verletzt

Gründe kann nur der Aggressor wissen

Selbstlos helfen wir gerne

Ein politischer Scherbenhaufen

Sendet sein Mitleid aus der Ferne

Afrikaner sollen ruhig weiter ersaufen

Überall ukrainische Fahnen

Blau-Gelb angestrahlte Gebäude

Die Hilfsaktionen lassen uns ahnen

All diese Menschen helfen mit Freude

Opfer benötigen Empathie

Wir sollen ihre Lage verstehen

Ukrainische Farben vergess ich nie

Syrische habe ich hier nie gesehen

Ukrainer leiden unsäglich

Gefoltert - getötet - zerfetzt

200 Millionen zahlen wir täglich

Dem Täter - der das Töten fortsetzt

So wird Krieg finanziert

Verlängert wird das Leiden

Doch damit kein Deutscher friert

Werden wir Konsequenzen vermeiden

Im Namen der Deutschen geschahen Verbrechen

Doch Deutsche trugen niemals die Schuld

Ich könnte mich jedes Mal erbrechen

Über Politiker und ihr Nazi-Bild

Armes Deutschland nur benutzt

Nur ein Opfer von Nazi-Verrätern

Wir wussten von nichts und waren verdutzt

So sagen die Mitläufer – und halfen den Tätern

Alle Kriege sind tödlich

Für Männer – Kinder – Frauen

Man tötet - so viele wie möglich

Wer überlebt – lebt mit dem Grauen

Beginnst du einen Krieg

Bist du ein Kriegsverbrecher

Rufst du am Ende 'Friedenspolitik'

Dann ist dir der Nobelpreis sicher

So lang es Menschen gibt

So lange gibt es auch Kriege

Was man nach den Kriegen liebt

Das ist für kurze Zeit der Friede

Macht kommt ins Spiel

Und sehr häufig Gut und Geld

Man baut sich Feinde auf als Ziel

Und tötet – bis wieder Frieden zählt

Dies

und

Das

Am Morgen wach ich auf

Mich wundert's an jedem Tag

Ich weiß – mit meinem Lebenslauf

Ist's mutig dass ich zu schlafen wag

Ich bin nicht so tapfer

Doch wenn ich Unrecht sehe

Bin ich auf der Seite der Opfer

Weil ich die dunklen Seiten verstehe

Es füllen sich der Darm und der Magen

Ich sehe die überladenen Teller

Werden zu Tischen getragen

Getränke noch schneller

Gäste sprechen zu laut

Alle reden mit vollem Munde

Tische und Tücher werden versaut

Als Wirt ertrüge ich es keine Stunde

Von Blindgängern die man entschärft

Werden drei Prozent explodieren

'Nie' ruft da die Lehrerschaft

Ohne es je zu eruieren

Dummheit unter Klugen

Wird nicht wahrgenommen

Im Käfig ihrer Denkstrukturen

Sind Sprengungen nicht vorgekommen

Du fragst: Magst du mich

Ich hab gar nichts gegen dich

Als ich dich sah - da wusste ich

Oh nein – dich mag ich einfach nicht

Dafür gibt es einen Grund

Der dir nicht vorzuwerfen ist

Und meine Erkenntnis ist profund

Es ist - weil du so bist wie du bist

Nichts fällt mir ein

Zu keinem Thema mehr

Weder Sein noch Nichtsein

Keine Idee – der Kopf ist leer

Endet meine Welt

Will nichts mehr bleiben

Garnichts mehr was zählt

Mein Lebensinhalt war Schreiben

Ich würde so gerne starten

Durch das geliebte Münsterland

So viele traumhaft schöne Fahrten

Zu Ausflügen - von den Göttern geplant

Ich warte auf den Tag

Den ersten warmen im Jahr

Weil ich's an schönen Tagen mag

In der Ape durchs Paradies zu fahren

Sie lächeln wenn wir uns sehen

Umarmen mich - strahlen mich an

Und muss ich später am Abend gehen

Dann geh ich mit ihren Wünschen heim

Jedes Mal bin ich tief gerührt

Zuneigung – Respekt - Sympathie

Luisa die Wirtin - Giacomo der Wirt

Ich genieße die Magie und die Harmonie

Verdient die zweite Chance ein jeder

Oder ist es vielleicht ein Privileg

Neu sich bewähren OHNE Fehler

Ein geschenkter Sonderweg

Vertrauen ist einzige Basis

Diese Chance ist ein Geschenk

Sie wird verkommen in der Praxis

Mit Hinz und Kunz - wird es zu eng

Neulich rief mich einer an

Er bot mir einen guten Preis

Und fragte – ist da etwas dran

Sie sagen - deine Songs sind heiß

Ich sagte ihm – ganz ohne Schmäh

Meine Lieder sind phantastisch

Einige tuen manchmal weh

Alle sind bombastisch

Nach fast zwölf Jahren

Werde ich es wieder wagen

Demnächst in Ferien zu fahren

Schon sehr bald - in wenigen Tagen

Die abenteuerliche Reise

Habe ich schon lang bestellt

Genieße - auf individuelle Weise

Die Tagestour am Rhein – im Rheingold

Wandel in meinem Leben

In fast all seinen Bereichen

Seit Jahren hat es ihn gegeben

Manches kam oder musste weichen

Skurriles oder Normales

Zum Lachen oder zum Weinen

Vielleicht ist es ja nur Banales

In meinen Träumen red ich in Reimen

Wichtiges habe ich heute getan

Als Staatsbürger des Landes

Eine Wahl stand wieder an

Ergüsse des Verstandes

Könnte ich nicht wählen

Mir das Recht nicht nehmen

Würde Demokratie nicht zählen

Zu wählen liegt in meinen Genen

Ein alter Freund hat Schluss gemacht

Und ich weiß nicht einmal - warum

Wir haben geweint und gelacht

Klug waren wir und dumm

Er hat ins Herz getroffen

Immer konnt ich auf ihn zählen

Wir waren immer für alles offen

Mein Freund 'Laptop' wird mir fehlen

Ich werd mit dem FC Bayern

Seit Jahren Deutscher Meister

Wir planen wieder Meisterfeiern

Zweiunddreißig Mal 'Bayern' heißt er

Der Erfolg gehört auch mir

Ein Teil dieses Vereins bin ich

Wir siegten in überlegener Manier

10 Mal in Folge – das spricht für sich

Ich lebe einen Rhythmus

Täglich in der eigenen Kneipe

Ich wusste nicht - wohin ich muss

Mal suchte ich Nähe - mal die Weite

Mal bin ich im 'MoMiSam'

Und mal bin ich im 'DiDoSon'

Mein Kaffee 'Freitag' - nebenan

Hat nur ganz selten etwas davon

Ich bestelle Aperol

Und Adelina meint es gut

Ihr liegt viel an meinem Wohl

Sie glaubt dass viel – viel Gutes tut

Bitter ist der Aperol

Doch ich sage nicht so viel

Und trinke auf Adelinas Wohl

Ihr freundliches Lächeln hat Stil

Sind Erwartungen zu hoch

Können Ergebnisse nie stimmen

Stimmt einmal das Ergebnis doch

Dann irrten selbst Statistiker*Innen

Sollen Prognosen gelingen

Mit einem statistischen Blick

Hilft dir nur – damit sie stimmen

Rechne vom Wunschergebnis ZURÜCK

Viele schöne Bilder

Zu sehen in meinem Lokal

Manche zart und manche wilder

Karneval in Venedig steht zur Wahl

Masken und Schminken

Geheimnisvoll und makellos

Sollte 'La Serenissima' versinken

Der Karneval lässt Venezia nie los

Musiker sagen zu mir

Du schreibst schöne Lieder

Arbeite noch ein bisschen an dir

Dann kommt der Erfolg mein Lieber

Das Talent ist unglaublich

Wie bei den Beatles sagen sie

Doch 'The Beatles' waren göttlich

Und ich – ich bin doch nur ein Genie

Gern wollte ich Reisen mit dem Schiff

Von Münster nach Wien über Passau

Ich buchte die Fahrt mit Pfiff

Auf Rhein – Main und Donau

Später verließ mich der Mut

Fast so als hätt ich mich geirrt

Ich fühlte mich erst wieder gut

Nachdem ich die Reise wieder storniert

Plötzlich sind sie da

Stunden in denen ich weine

Erinnerungen werden wieder klar

Ich fühle mich fürchterlich alleine

Niemand der versteht

Oder der mich weinen lässt

Und mich umarmt bis es vergeht

'RatSchläge' - sie geben mir den Rest

Fasziniert hörte ich zu

Ein Gast bestellt sich Wein

Mit allen Sorten war er per DU

Zu jung sollte der Wein nicht sein

Sehr sorgsam wählte er

Damit der Wein ihm munde

Connaisseurs haben es schwer

Dazu rauchen - jede Viertelstunde

Kleine bunte Pfeile

In einer schrägen Welt

Warte nur eine kleine Weile

Und diese schräge Welt gefällt

Show wird zum Sport

Pfeilfighter von Machiavelli

Darts an einem mythischen Ort

Von 501 auf null – im "Ally Pally"

Lieferdienste sind mein Ding

Ich bin faul und bequem

Sehe keinen Sinn darin

Einkaufen zu gehen

Zu eng die Kabinen

Zu viel alter Schweiß

Freudlose Leute bedienen

Das war immer schon Scheiß

In der letzten Nacht

Hab ich ein Lied verloren

Ich hatte mir noch gedacht

Ich erinnere mich – am Morgen

Alles war verloren

Kein Ton war geblieben

Superstar wär ich geworden

Als hätte man Elvis abgetrieben

Die 'Sentruper Höhe'

Mein zweites 'Zu Hause'

Wenn ich am Tresen stehe

Spür ich die Nostalgie der Klause

Old Henry ist Boss

Er hat hier das Sagen

Charmant und ohne Stress

Niemals gab es darüber Klagen

Deutsche - Amis – Frau und Mann

Junge Leute und keiner spricht

Ein Englischlehrer gibt an

Gespräche gibt's nicht

Elf Menschen am Tisch

Worte werden nicht erkannt

Lächelnd schweigen sie vor sich

Sprache verbindet - und sie trennt

Die schlimmsten Sätze meines Lebens:

Du bist so wie meine Mutter

Sei sein Freund - er hat nur dich

Irgendwann wirst du dankbar sein

Am liebsten hätt ich dir eine gedonnert

Denk mal darüber nach

Du – wir frühstücken gerade

Deine Art zu leben tut anderen weh

Wir mögen deine Weihnachtsgrüße nicht

12 Lehrerinnen am Nebentisch

Laut sind sie – und voller Leben

Ein gackerndes 'Gute-Laune-Gemisch'

Und heute Abend wollen sie alles geben

Morgen wieder der übliche Ton

So hart und anständig und sittlich

Staatlich alimentierte Respektsperson

Unsere Lehrkörper bleiben unerbittlich

Die Sitzordnung vom Hund gestaltet

Drohend erkämpft mit knurren

Vom Herrchen verwaltet

Ganz ohne murren

Hunde erkennen unsere Schwächen

Und sie wissen um ihre Macht

Es ist Zeit sich zu rächen

Beginnt die Schlacht

Nur einhundertachtundzwanzig Stufen

Täglich einmal bis zur Wohnung

Ich höre den Aufzug rufen

Fitness als Belohnung

Sehe mein Münsterland

Bin froh dass ich hier lebe

Gefühle sind stärker als Verstand

Ich bekomm so viel mehr als ich gebe

Sehr intime Gespräche

Mit der Begleiterin am Tisch

Die dann – wenn er leiser spräche

Intimer wären und nicht so öffentlich

Ich höre in dem Getöne

Lebenswerke der Vorurteile

Eh ich mich an Geschwätz gewöhne

Verzichte ich auf meine letzte Zeile

Ich schenke viel

Nur - weil ich es kann

Ich verfolge damit kein Ziel

Ich bin nun mal ein reicher Mann

Und wäre ich arm

So würde ich erhoffen

Einer würde sich erbarmen

Und verschenkt - ergebnisoffen

Wie 'Kästner' oder 'Roth'

Der Eine wie der Andere tot

Sitze ich und schreib Geschichten

Und werde das Für und Wider wichten

Auch wenn Erich oder Eugen

Vergleiche vehement verleugnen

So fühl ich mich als Großer schon

Fast schon so groß wie 'Simenon'

Ein Jahr 'Betreutes Wohnen'

Ein Jahr ohne Eigenheim

Wird es sich lohnen

Sage ich 'NEIN'

Eigentümerstreit

Nachbarinnen zicken

Von Verantwortung befreit

Ich glaub ich muss mich zwicken

Zwei Jahre sind es schon

Ich mag es fast nicht glauben

So lange schon dass ich hier wohn

Heut kann ich mir ein Urteil erlauben

Ich höre Kritiker*Innen

Spür die Verachtung und Wut

Als ging es um Verlust und Gewinne

Sorgenlos bin ich - und fühl mich gut

Wo sind nur meine Ideen geblieben

Hab ich sie irgendwo verloren

Ich suche meine kreativen

Sie schienen angeboren

Die Motivation ist fort

Kreativität ist außer Hause

Dichtungslust ganz ohne Wort

Heute beginnt meine Memo-Pause

Dallos

Dichtungs Dinge

ISDN: 978-3-7460-9634-6

Reinhold Tebtmann

Dallos
Dichtungs
Dinge

Klugscheißer · Sprücheklopfer · Besserwisser

Dallos

Gereimtheiten

©2019 Reinhold Tebtmann

ISDN: 978-3-7412-1019-8

Dallos
Gereimtheiten

Reinhold Tebtmann

Dallos

Gehirnzeilen

©2020 Reinhold Tebtmann

ISDN: 978-3-7526-2353-6

Reinhold Tebtmann

Dallos
Gehirnzeilen

Dallos

Verssuchungen

©2021 Reinhold Tebtmann

ISDN: 978-3-7543-5118-5

REINHOLD TEBTMANN

Dallos
Verssuchungen